INGA PFANNEBECKER

1 SALAT –
50 DRESSINGS

FOTOGRAFIE: GROSSMANN.SCHÜRLE, COCO LANG

INHALT

Öffnen Sie die Klappen dieses Buches.
Dort finden Sie die wichtigsten Infos zum Thema auf einen Blick!

DAS PRINZIP:
SALATDRESSING

DIE PERFEKTE
KOMBI

Immer griffbereit:

SO GEHT'S:
SALATDRESSING
RÜHREN

Immer griffbereit:

SATTMACHER-
SALAT-BAUPLAN

GU CLOU

Wussten Sie schon, dass ...?
Entdecken Sie bei einigen ausgewähl-
ten Rezepten ganz besondere Tipps
mit verblüffendem Insiderwissen.
Aha-Momente garantiert!

Mit diesem Symbol sind alle vegetarischen
Gerichte gekennzeichnet.

Die Backzeiten können je nach Herd variie-
ren. Unsere Temperaturangaben beziehen
sich auf das Backen im Elektroherd mit
Ober- und Unterhitze.

Sammeln Ihrer Lieblingsrezepte
mit der »GU Kochen Plus«-App
(siehe S. 64)

REZEPTKAPITEL

06 VINAIGRETTEN

26 CREMIGE DRESSINGS

44 DRESSINGS AUS ALLER WELT

INGA PFANNEBECKER

Salate können alles sein – knackige Beilage, sättigendes Hauptgericht oder Lunch to go. Was sie verbindet: ein aromatisches Dressing, das im besten Falle so gut schmeckt, dass man die Reste in der Salatschüssel am Ende noch mit etwas Brot auftunken will.

Wann macht ein Salat so richtig an?

Wenn die Mischung stimmt und sich alle Zutaten gut ergänzen! Dabei gilt oft: Gegensätze ziehen sich an und machen den Mix spannend. Also zum Beispiel zarte Blätter mit knackiger Rohkost oder knusprigen Croûtons kombinieren. Herbe Salatsorten mit süßen Früchten und cremigem Dressing paaren. Aber Vorsicht, die Aromen nicht zu wild mischen – sonst entsteht am Ende kein harmonisches Ganzes.

Wie macht man ein gutes Dressing?

Auch hier kommt es auf das Zusammenspiel der Zutaten an. Wenn die Balance aus Säure, Süße und Salzigkeit stimmt, schmeckt das Dressing ausgewogen. Je nach Mischung bringen Aromazutaten wie Kräuter und Gewürze Raffinesse ins Spiel.

Daher das Dressing beim Anrühren immer mal wieder probieren und den Geschmack mit der Zugabe von Essig, Salz, Gewürzen, etwas Zucker oder Honig ausbalancieren.

Braucht man wirklich fünf verschiedene Öle und zehn Essigsorten?

Nein, zwei bis drei Basisöle und Essige reichen vollkommen aus. Ideal sind z. B. ein hochwertiges Olivenöl und Rapsöl, ein milder Weißwein- oder Apfelessig und ein kräftigerer Aceto balsamico. Mit spezielleren Sorten wie Walnussöl, Himbeeressig oder Kräuteressig können Sie noch mehr Aroma in Ihre Salatdressings bringen. Am besten kaufen Sie davon aber zunächst nur kleinere Mengen und probieren ein bisschen herum, bis Sie Ihre ganz persönlichen Lieblingssorten gefunden haben.

SCHNELL GESCHÜTTELT: FEURIGES DRESSING

3 TL Sriracha-Sauce (Chilisauce; ersatzweise Tabasco)

1 EL gehackte Petersilie

2 EL Aceto balsamico bianco

1 EL Ahornsirup

3 EL Olivenöl

Salz, Pfeffer

Alle Zutaten, bis auf die Petersilie, in ein Schraubglas geben, salzen und pfeffern. Das Glas verschließen und kräftig schütteln. Petersilie unterrühren.

VINAIGRETTEN

Bei rohen Schalotten und Zwiebeln ist der scharfe Geschmack dominant. Durch das Ziehen im Essig werden die Schalottenwürfel viel milder und bekömmlicher.

Für 4 Portionen • 20 Min. Zubereitung • Pro Portion ca. 135 kcal, 2 g E, 14 g F, 1 g KH

VINAIGRETTE MIT KRÄUTERN 🍃

KLASSIKER

1 Knoblauchzehe
1 Schalotte
2 EL Weißweinessig
½ Bund frische Kräuter
*   (z. B. Petersilie oder Kerbel)*
1 TL mittelscharfer Dijon-Senf
Salz, Pfeffer
5 EL Olivenöl (oder 4 EL Olivenöl
*   und 1 EL Walnussöl)*

DAZU PASST
Als echtes Allroundtalent macht die Kräuter-Vinaigrette alle Blattsalate an. Aber auch zu Tomaten-, Gurken- oder Möhrensalat schmeckt sie hervorragend.

1 Die Knoblauchzehe schälen und halbieren. Die Salatschüssel damit ausreiben. Den Knoblauch anschließend entsorgen.

2 Die Schalotte schälen und fein würfeln. In der Schüssel mit dem Essig verrühren und ca. 15 Min. ziehen lassen, bis die Schalottenwürfel weich werden. Inzwischen die Kräuter waschen, trocken schütteln, die Blätter abzupfen und hacken.

3 Die Essig-Schalotten-Mischung mit Senf verrühren und mit Salz und Pfeffer würzen. Das Öl in dünnem Strahl nach und nach zugießen und mit einem Schneebesen unterrühren. Je nach gewünschter Konsistenz evtl. noch 1 EL Wasser einrühren. Die Kräuter zugeben und untermengen. Die Vinaigrette mit Salz und Pfeffer abschmecken.

Für 4 Portionen • 20 Min. Zubereitung • Pro Portion ca. 120 kcal, 0 g E, 13 g F, 1 g KH

FRISCHE ZITRONEN-VINAIGRETTE

EINFACH

½ Bio-Zitrone
1 Knoblauchzehe
1 ½ TL Weißweinessig
Salz, Pfeffer
Zucker
5 EL Olivenöl
5 Stängel Petersilie

DAZU PASST
Kopf- und Eisbergsalat,
Baby-Blattspinat, Rucola,
Römersalat, Gurkensalat,
Avocado- und Fenchelsalat
oder gebratener Lachs.

1 Die Zitronenhälfte heiß waschen, trocknen und die Schale fein abreiben. Den Saft auspressen. Den Knoblauch schälen und dritteln.

2 2 EL Zitronensaft, Zitronenschale und Essig in einer Schüssel verrühren. Mit Salz, Pfeffer und 1 Prise Zucker würzen. Das Öl in dünnem Strahl zugießen und mit einem Schneebesen unterrühren. Die Knoblauchstücke zugeben und alles ca. 10 Min. ziehen lassen.

3 Inzwischen die Petersilie waschen, trocken schütteln, die Blätter abzupfen und fein hacken. Den Knoblauch aus dem Dressing nehmen. Die Petersilie untermischen und alles mit Salz, Pfeffer, Zucker und evtl. noch 1 Spritzer Zitronensaft abschmecken.

Für 4 Portionen • 20 Min. Zubereitung • Pro Portion ca. 125 kcal, 0 g E, 13 g F, 1 g KH

BALSAMICO-VINAIGRETTE 🌿

AUS ITALIEN

1 kleine Schalotte
2 EL Aceto balsamico
Salz, Pfeffer
Zucker
5 EL Olivenöl

DAZU PASST
Blattsalat – besonders kräftigere Sorten wie Rucola, Römersalat, Endivie und Feldsalat –, aber auch Salate mit geröstetem Ofengemüse, Tomatensalat und grüne Bohnen.

1 Die Schalotte schälen und sehr fein würfeln. Mit dem Balsamico in einem Schraubglas mischen und mit Salz, Pfeffer und 1 Prise Zucker würzen. Die Schalottenwürfel ca. 15 Min. ziehen lassen, bis sie weich werden.

2 Öl und 1–2 EL Wasser zugeben. Das Schraubglas verschließen und kräftig schütteln, bis sich alle Zutaten zu einem cremigen Dressing verbunden haben. Mit Salz und Pfeffer abschmecken.

Für 4 Portionen • 30 Min. Zubereitung • Pro Portion ca. 315 kcal, 12 g E, 22 g F, 18 g KH

BUNTER NIZZA-SALAT MIT SALSA-VERDE-VINAIGRETTE ◖

KLASSIKER

FÜR DEN SALAT
350 g grüne Bohnen
Salz
4 Eier
2 Kartoffeln (ca. 300 g)
1 EL Olivenöl
200 g Kirschtomaten
1 große gelbe Paprika
2 kleine Römersalatherzen
Pfeffer

FÜR DAS DRESSING
1 Bund glatte Petersilie
   (ca. 30 g Blätter)
1 ½ EL Weißweinessig
30 g Kapern (aus dem Glas)
5 EL Olivenöl
Salz, Pfeffer

> **TIPP**
> Das Dressing passt auch zu
> Salat aus geröstetem Gemüse,
> Geflügelsalat, gegrilltem Fisch
> oder Nudel- und Kartoffelsalat.

SALAT: Die Bohnen waschen, putzen, in kochendes Salzwasser geben und in ca. 12 Min. garen. Eier in heißem Wasser nach Belieben wachsweich (ca. 6 Min.) oder hart (ca. 9 Min.) kochen. Die Kartoffeln schälen, waschen und ca. 1 cm groß würfeln. Das Öl in einer beschichteten Pfanne erhitzen und die Würfel darin in 10–12 Min. knusprig und goldbraun braten. Dabei ab und zu wenden. Die Eier abgießen, kalt abschrecken, pellen und halbieren oder vierteln. Bohnen ebenfalls abgießen, kalt abschrecken und gut abtropfen lassen.

Inzwischen die Tomaten waschen, trocknen und halbieren. Die Paprika waschen, halbieren, weiße Trennwände und Kerne entfernen und die Hälften auf einer Mandoline in feine Streifen hobeln. Die Salatherzen in einzelne Blätter teilen, waschen und trocken schleudern. Nach Belieben klein zupfen.

DRESSING: Die Petersilie waschen, trocken schütteln und die Blätter abzupfen. Petersilienblätter mit Essig, Kapern, 2 EL Wasser und Öl in einem Blitzhacker zu einem cremigen Dressing mixen. Eventuell noch etwas Wasser zufügen. Mit Salz und Pfeffer abschmecken.

FERTIGSTELLEN: Die Kartoffelwürfel mit Salz und Pfeffer würzen. Salatblätter auf einer Platte anrichten. Tomaten, Paprika, Bohnen und Eier darauf verteilen. Den Salat mit etwas Dressing beträufeln und mit Kartoffelwürfeln bestreuen. Übriges Dressing separat dazu reichen.

Für 4 Portionen • 15 Min. Zubereitung •
Pro Portion ca. 130 kcal, 1 g E, 13 g F, 2 g KH

Für 4 Portionen • 15 Min. Zubereitung •
Pro Portion ca. 160 kcal, 1 g E, 16 g F, 3 g KH

GURKEN-DILL-VINAIGRETTE 🍃

SOMMER-REZEPT

*½ große Salatgurke (ca. 200 g) • 1 EL Zitronen-
saft • 1 EL Weißweinessig • 1 TL Senf • Salz,
Pfeffer • 5 EL Olivenöl • 1 große Tomate •
½ Bund Dill*

1 Gurke schälen, halbieren und die Kerne her-
auskratzen. Kerne mit Zitronensaft fein pürieren
oder hacken. Püree, Essig und Senf verrühren,
mit Salz und Pfeffer würzen. Das Öl in dünnem
Strahl zugießen und unterschlagen.

2 Das Gurkenfruchtfleisch fein würfeln. Die
Tomate waschen, trocknen, entkernen und ebenfalls würfeln. Dill waschen, trocken schütteln und
die Spitzen fein schneiden. Alles unter das Dressing rühren. Mit Salz und Pfeffer abschmecken.

DAZU PASST
Kopfsalat, Rote-Bete- oder Kartoffelsalat.

PESTO-VINAIGRETTE 🍃

SCHNELL

*25 g Pinienkerne • 1 Knoblauchzehe • ½ Bund
Basilikum • 1 EL Aceto balsamico bianco •
5 EL Olivenöl • Salz, Pfeffer*

1 Pinienkerne in einer Pfanne ohne Fett anrösten. Abkühlen lassen. Inzwischen den Knoblauch
schälen und grob würfeln. Basilikum waschen,
trocken schütteln und die Blätter grob hacken.

2 Alle vorbereiteten Zutaten mit Essig, Öl und
2–3 EL Wasser fein pürieren. Das Dressing mit
Salz und Pfeffer abschmecken.

DAZU PASST
Blattsalat, Nudel- und Kartoffelsalat, Tomatensalat, Salat aus geröstetem Ofengemüse,
aus Kichererbsen oder weißen Bohnen sowie
Fleisch oder Fisch vom Grill.

Für 4 Portionen • 20 Min. Zubereitung •
Pro Portion ca. 185 kcal, 5 g E, 18 g F, 0 g KH

Für 4 Portionen • 15 Min. Zubereitung •
15 Min. Ziehen •
Pro Portion ca. 90 kcal, 1 g E, 8 g F, 4 g KH

EI-VINAIGRETTE MIT SPECK

GÜNSTIG

KARTOFFEL-VINAIGRETTE

HERBST-REZEPT

2 Eier • 30 g magere Speckwürfel • 5 EL Rapsöl • 2 ½ EL Weißweinessig • 2 TL mittelscharfer Senf • Salz, Pfeffer • ½ Bund Schnittlauch

5 g getrocknete Steinpilze • ½ kleines Bund Schnittlauch • 1 gekochte Kartoffel (ca. 100 g) • 2 EL Apfelessig • 1 TL Honig • 1 TL Senf • Salz, Pfeffer • 1 EL Walnussöl • 2 EL Rapsöl

1 Eier in ca. 9 Min. hart kochen. Inzwischen den Speck in einer Pfanne in 1 EL Öl knusprig auslassen, herausnehmen. Essig und 2 EL Wasser zum Bratfett geben und kurz aufkochen. Abkühlen lassen. Eier pellen und halbieren. Eigelbe mit Senf und Essigmischung fein pürieren. Das restliche Öl in dünnem Strahl zugießen und untermixen. Mit Salz und Pfeffer abschmecken.

2 Schnittlauch waschen, trocken schütteln und in Röllchen schneiden. Eiweiße fein würfeln. Beides mit dem Speck unter das Dressing mischen.

1 Pilze mit 120 ml kochendem Wasser überbrühen und 15 Min. ziehen lassen. Abgießen, Flüssigkeit auffangen, Pilze fein schneiden. Schnittlauch waschen, trocken schütteln und in Röllchen schneiden.

2 Kartoffel pellen und zerdrücken. Essig, Honig und Senf untermischen. Salzen, pfeffern und die Öle unterschlagen. So viel Pilzflüssigkeit unterrühren, bis das Dressing sämig ist. Schnittlauch und Pilze unterrühren und erneut abschmecken.

DAZU PASST
Blattsalat, Chicorée, Radieschen und Spargel.

DAZU PASST
Feldsalat, Endivie oder deftiger Wurstsalat.

NUDELSALAT IM GLAS MIT TOMATEN-VINAIGRETTE

GUT VORZUBEREITEN

FÜR DIE VINAIGRETTE

1 Schalotte
2 EL Weißweinessig
1 EL Aceto balsamico
3 große Tomaten (ca. 200 g)
Salz, Pfeffer
6 EL Olivenöl

FÜR DEN SALAT

400 g breite grüne Bohnen
Salz
200 g kurze Nudeln
   (z. B. Farfalle oder Mini-Penne)
200 g Kirschtomaten
150 g Mini-Mozzarella
½ Bund Basilikum

TIPP

Das Dressing schmeckt auch zu Rucola oder Baby-Blattspinat, Avocado, dem italienischen Brotsalat Panzanella und dünn gehobeltem Fenchel.

DRESSING: Die Schalotte schälen, sehr fein würfeln, mit beiden Essigsorten verrühren und ca. 15 Min. ziehen lassen.

Die Tomaten waschen, trocken tupfen und auf der groben Seite einer Reibe zu den Schalottenwürfeln raspeln, sodass die Haut übrig bleibt. Mit Salz und Pfeffer würzen. Das Öl in dünnem Strahl zugießen und unterschlagen. Das Dressing erneut abschmecken und beiseitestellen.

SALAT: Bohnen waschen, putzen, in Stücke schneiden und in kochendem Salzwasser in ca. 12 Min. garen. Inzwischen die Nudeln nach Packungsanweisung in Salzwasser garen. Tomaten waschen, trocken tupfen und vierteln. Mozzarella abgießen und gut abtropfen lassen. Bohnen und Nudeln ebenfalls abgießen und gut abtropfen lassen. Das Basilikum waschen, trocken schütteln und die Blätter abzupfen.

FERTIGSTELLEN: Die Nudeln sofort mit 2 EL Dressing mischen. Auskühlen lassen, dann auf vier große Schraubgläser verteilen. Bohnen, Tomaten, Mozzarella und Basilikum einschichten. Die Gläser verschließen. Übriges Dressing separat verpacken. Beides bis zum Servieren kalt stellen.

SERVIEREN: Den Inhalt eines Glases in eine Schüssel geben. Etwas Dressing darübergießen und untermischen.

GU
CLOU

Tomaten reiben klingt ungewöhlich, aber das ist die beste Methode, Tomaten zu häuten. Beim Reiben der Tomaten bleibt die Haut automatisch zurück. So bekommen Sie ruck-zuck ein Tomatenpüree, das dem Salat ganz viel Aroma verleiht.

Für 4 Portionen • 10 Min. Zubereitung •
Pro Portion ca. 100 kcal, 0 g E, 10 g F, 2 g KH

Für 4 Portionen • 10 Min. Zubereitung •
Pro Portion ca. 130 kcal, 0 g E, 13 g F, 3 g KH

ERDBEER-VINAIGRETTE 🍃

SOMMER-REZEPT

100 g Erdbeeren • 2 Stängel Basilikum •
2 EL Aceto balsamico bianco • Salz, Pfeffer •
4 EL Olivenöl

1 Die Erdbeeren waschen, putzen und halbieren. Das Basilikum waschen, trocken schütteln und die Blätter abzupfen. Beides mit dem Essig fein pürieren.

2 Das Erdbeerpüree mit Salz und Pfeffer würzen. Das Öl in dünnem Strahl zugießen und untermixen. Die Vinaigrette erneut mit Salz und Pfeffer abschmecken.

DAZU PASST
Blattsalat – besonders kräftigere Sorten wie Feldsalat und Rucola –, aber auch Chicorée, Spargelsalat, Caprese, Avocado- und Gurkensalat oder gegrillte Steaks.

BROMBEER-VINAIGRETTE 🍃

SCHNELL

100 g Brombeeren • 1 TL Honig • 2 EL Himbeer-
essig • 2 EL kalte Gemüsebrühe • Salz, Pfeffer •
5 EL Rapsöl • 2 Zweige Thymian

1 Die Brombeeren waschen und trocken tupfen. Mit Honig, Essig und Gemüsebrühe fein pürieren. Mit Salz und Pfeffer würzen.

2 Das Öl in dünnem Strahl zugießen und untermixen. Erneut abschmecken. Den Thymian waschen und trocken schütteln. Die Blättchen abzupfen, fein hacken und untermischen.

DAZU PASST
Rotkohlsalat, kräftiger Blattsalat wie Feldsalat oder Eichblattsalat sowie Chicorée.

Für 4 Portionen • 20 Min. Zubereitung •
Pro Portion ca. 180 kcal, 1 g E, 13 g F, 15 g KH

Für 4 Portionen • 15 Min. Zubereitung •
Pro Portion ca. 140 kcal, 1 g E, 13 g F, 5 g KH

GRANATAPFEL-VINAIGRETTE 🍃

EXOTISCH

1 Granatapfel • 1 EL Honig • 1 ½ EL Rotwein-essig • Salz, Pfeffer • 1 Msp. gemahlener Kreuz-kümmel • 5 EL Olivenöl • 3 Stängel Petersilie

1 Granatapfel halbieren und ca. 1 EL Kerne her-auslösen. Die Hälften auf einer Zitruspresse aus-pressen. Saft mit Honig erhitzen und auf ca. 4 EL einkochen. Abkühlen lassen. Dann Essig, Salz, Pfeffer und Kreuzkümmel unterrühren. Das Öl in dünnem Strahl zugießen und unterschlagen. Mit Salz und Pfeffer abschmecken.

2 Petersilie waschen, trocken schütteln, die Blätter abzupfen und fein hacken. Mit den Gra-natapfelkernen unter das Dressing rühren.

DAZU PASST
Linsensalat, Rotkohl, Feldsalat und Chicorée.

ORANGEN-CHILI-VINAIGRETTE 🍃

SCHARF

1 rote Chilischote • 5 EL Olivenöl • 2 Bio-Orangen • 2 EL Weißweinessig • Salz, Pfeffer

1 Die Chilischote waschen, halbieren, Kerne entfernen und die Hälften fein schneiden. Das Öl mit der Chili 2–3 Min. erhitzen. Abkühlen lassen.

2 1 Orange heiß waschen, trocknen und ca. 1 TL Schale fein abreiben. Beide Orangen auspressen. Den Saft erhitzen und zu ca. 4 EL einkochen. Abkühlen lassen.

3 Essig und Orangenschale zum Saft geben. Mit Salz und Pfeffer würzen. Das Chili-Öl in dünnem Strahl zugießen und unterschlagen. Die Vinaigrette erneut abschmecken.

DAZU PASST
Blattsalat, Couscous, Möhre und Rote Bete.

Für 4 Portionen • 15 Min. Zubereitung • Pro Portion ca. 135 kcal, 0 g E, 13 g F, 5 g KH

ROSA GRAPEFRUIT-VINAIGRETTE

EINFACH

1 Pink Grapefruit
2 Frühlingszwiebeln
2 EL Weißweinessig
1 TL brauner Zucker
Salz, Pfeffer
5 EL Olivenöl

DAZU PASST

Rucola, Avocado, Fenchel, Brunnenkresse, Chicorée, Friséesalat und gebratener Lachs oder Garnelen.

1 Die Grapefruit so schälen, dass auch die weiße Haut vollständig entfernt wird. Die Filets zwischen den Trennhäuten herausschneiden, dabei den austretenden Saft auffangen. Die Filets klein schneiden.

2 Die Frühlingszwiebeln putzen, waschen und fein schneiden. Mit Essig und Zucker verrühren, bis sich der Zucker aufgelöst hat. Mit Salz und Pfeffer würzen. 6 EL Grapefruitsaft unterrühren.

3 Das Öl in dünnem Strahl zugießen und kräftig unterschlagen. Das Dressing mit Salz und Pfeffer abschmecken. Dann die Grapefruitfilets vorsichtig untermengen.

Für 4 Portionen • 15 Min. Zubereitung • Pro Portion ca. 100 kcal, 0 g E, 10 g F, 1 g KH

LIMETTEN-MINZ-VINAIGRETTE 🌿

SOMMER-REZEPT

2 Bio-Limetten
1 EL Weißweinessig
Salz, Pfeffer
1 Prise Zucker
4 EL Olivenöl
5 Stängel Minze

DAZU PASST
Grüner Blattsalat, Melonen-
salat mit Feta, geröstetes
Gemüse wie Zucchini oder
Kürbis sowie rote Paprika.

1 1 Limette heiß waschen, trocken tupfen und ca. 1 TL Schale fein abreiben. Beide Früchte halbieren und den Saft auspressen. Den Limettensaft in einer Schüssel mit dem Essig verrühren und mit Salz, Pfeffer und Zucker würzen.

2 Das Öl in dünnem Strahl zugießen und kräftig unterschlagen. Die Limettenschale einrühren und die Vinaigrette erneut mit Salz und Pfeffer abschmecken.

3 Die Minze waschen und trocken schütteln. Die Blätter abzupfen, fein schneiden und unter die Vinaigrette rühren.

Für 4 Portionen • 30 Min. Zubereitung • Pro Portion ca. 175 kcal, 6 g E, 14 g F, 4 g KH

PARMESAN-VINAIGRETTE MIT GEGRILLTER ZUCCHINI 🍃

ITALIENISCH

FÜR DAS DRESSING

1 kleine Schalotte
1 EL Aceto balsamico
1 EL Weißweinessig
Salz, Pfeffer
4 EL Olivenöl
½ Bio-Zitrone
30 g Parmesan

FÜR DEN SALAT

2 Zucchini
Salz
10 g Parmesan
1 TL Olivenöl
200 g Kirschtomaten
½ Bund Basilikum

TIPP

Das Dressing schmeckt auch zu Tomatensalat, Nudelsalat, Rucola und anderem Gemüse vom Grill oder aus dem Ofen.

DRESSING: Schalotte schälen, fein würfeln und mit beiden Essigsorten in einer Schüssel mischen. Die Schalottenwürfel ca. 15 Min. ziehen lassen, bis sie weicher werden.

SALAT: Inzwischen die Zucchini waschen, die Enden entfernen. Die Zucchini mit einem Sparschäler der Länge nach in dünne, breite Scheiben hobeln und salzen. Den Parmesan in Späne hobeln und beiseitestellen. Eine Grillpfanne mit Öl auspinseln. Die Zucchinischeiben darin portionsweise unter Wenden ca. 5 Min. pro Seite grillen. Die Tomaten waschen, trocken tupfen und halbieren. Das Basilikum waschen und trocken schütteln. Die Blätter abzupfen und grob schneiden.

FERTIGSTELLEN: Die Schalotten-Essig-Mischung mit Salz und Pfeffer würzen. Das Öl in dünnem Strahl zugießen und kräftig unterschlagen. Die Zitronenhälfte heiß waschen, trocknen und 1 TL Schale fein abreiben. Den Parmesan ebenfalls fein reiben. Beides unterrühren und das Dressing mit Salz und Pfeffer abschmecken.

SERVIEREN: Zucchinischeiben, Tomaten und Basilikum auf einer Platte anrichten. Etwas Dressing darüberträufeln und alles mit Parmesanspänen bestreuen. Übriges Dressing separat dazu reichen.

Für 4 Portionen • 15 Min. Zubereitung • Pro Portion ca. 195 kcal, 2 g E, 18 g F, 6 g KH

NUSS-VINAIGRETTE 🍃

HERBST-REZEPT

1 kleine Schalotte
2 Zweige Thymian
50 g Walnusskerne
3 EL Rapsöl
1 EL Honig
1 EL Aceto balsamico
Salz, Pfeffer
1 EL Walnussöl

DAZU PASST
Kräftiger Blattsalat wie Rucola, Radicchio und Feldsalat sowie grüne Bohnen,
gerösteter Kürbis und Möhrensalat.

1 Die Schalotte schälen und fein würfeln. Den Thymian waschen, trocken schütteln, die Blätter abstreifen und fein hacken. Die Wal-nüsse grob hacken.

2 1 EL Rapsöl in einem kleinen Topf erhitzen. Die Schalotte darin glasig andünsten. Die Nüsse zugeben und unter Wenden kurz an-rösten. Den Honig darüberträufeln und leicht karamellisieren lassen. Mit Balsamico ablöschen. Den Topf vom Herd nehmen und die Nussmischung in eine Schüssel geben. Kurz abkühlen lassen und mit Salz und Pfeffer würzen.

3 Das übrige Rapsöl und das Walnussöl in dünnem Strahl zugießen und unterschlagen. Die Vinaigrette erneut abschmecken.

Für 4 Portionen • 10 Min. Zubereitung • Pro Portion ca. 150 kcal, 0 g E, 15 g F, 2 g KH

HONIG-SENF-VINAIGRETTE 🍃

KLASSIKER

2 EL milder Weißweinessig
1 TL mittelscharfer Dijon-Senf
2 TL Honig
Salz, Pfeffer
6 EL Olivenöl
½ Bund Schnittlauch

DAZU PASST
Tomaten, Blattsalat, grüne Bohnen, geröstetes Gemüse und Nudelsalat.

1 Den Weißweinessig in einer Schüssel mit Senf, Honig, Salz und Pfeffer verrühren. Das Öl in dünnem Strahl zugießen und mit einem Schneebesen kräftig unterschlagen.

2 Den Schnittlauch waschen, gut trocken schütteln und dann in feine Röllchen schneiden.

3 Die Vinaigrette erneut mit Salz und Pfeffer abschmecken. Anschließend die Schnittlauchröllchen untermischen.

CREMIGE DRESSINGS

Für 4 Portionen • 45 Min. Zubereitung • Pro Portion ca. 315 kcal, 12 g E, 23 g F, 13 g KH

FRUCHTIGER SALAT MIT AVOCADO-DRESSING 🍃

VITAMINREICH

FÜR DEN SALAT

4 Eier
2 Möhren
2 kleine Rote Beten
1 große reife Mango
100 g Rucola
40 g Rauchmandeln

FÜR DAS DRESSING

1 reife Avocado
½ Bund Basilikum
1 Bio-Zitrone
50 g griechischer Joghurt
  (10 % Fettanteil)
Salz, Pfeffer

AUSSERDEM

Spiralschneider

TIPP

Das Dressing schmeckt auch zu Eisbergsalat, Baby-Blattspinat, Nudel- und Kartoffelsalat und zu geröstetem Gemüse.

SALAT: Die Eier in einem Topf in ca. 9 Min. hart kochen. Inzwischen die Möhren putzen, schälen und mit einem Spiralschneider zu »Spaghetti« schneiden. Die Rote Bete schälen (am besten Handschuhe tragen). Dann auf einer Reibe in dünne Scheiben hobeln und diese mit einem Messer in schmale Stifte schneiden. Die Mango schälen und das Fruchtfleisch vom Stein schneiden. 50 g für das Dressing beiseitelegen, den Rest in schmale Spalten schneiden. Den Rucola verlesen, waschen und trocken schütteln, grobe Stiele entfernen. Die Eier abgießen und kalt abschrecken.

DRESSING: Avocado halbieren, entkernen und das Fruchtfleisch mit einem Löffel aus der Schale lösen. Basilikum waschen, trocken schütteln und die Blätter abzupfen. Zitrone heiß waschen, trocknen, die Schale fein abreiben und den Saft auspressen. Avocado, beiseitegelegte Mango, Basilikum, Zitronensaft und -schale, Joghurt und 3 EL Wasser cremig pürieren. Mit Salz und Pfeffer abschmecken.

FERTIGSTELLEN: Die Eier pellen und vierteln. Die Mandeln grob hacken. Den Rucola auf einer Platte anrichten. Möhren, Rote Bete, Mango und Eier darauf verteilen. Etwas Dressing darübergeben. Den Salat mit Mandeln bestreuen und mit dem übrigen Dressing servieren.

Für 4 Portionen • 15 Min. Zubereitung • Pro Portion ca. 195 kcal, 5 g E, 18 g F, 4 g KH

RANCH DRESSING 🌿

AUS DEN USA

75 g Mayonnaise
75 g Joghurt
75 ml Buttermilch
1 EL Zitronensaft
1 geh. TL mittelscharfer
  Dijon-Senf
2 Frühlingszwiebeln
1 Bund gemischte Kräuter
1 kleine Knoblauchzehe
Salz, Pfeffer

1 Mayonnaise, Joghurt, Buttermilch, Zitronensaft und Senf in eine Schüssel geben und mit einem Schneebesen glatt rühren.

2 Die Frühlingszwiebeln putzen, waschen und fein schneiden. Die Kräuter waschen und trocken schütteln. Die Blätter abzupfen und fein hacken bzw. Schnittlauch in feine Röllchen schneiden.

3 Den Knoblauch schälen, durch die Presse drücken oder fein hacken und mit Frühlingzwiebeln und Kräutern unter das Dressing rühren. Mit Salz und Pfeffer abschmecken.

DAZU PASST
Blattsalat, Röstgemüse, Rohkost und gegrilltes Fleisch.

Für 4 Portionen • 25 Min. Zubereitung • Pro Portion ca. 240 kcal, 3 g E, 22 g F, 7 g KH

THOUSAND ISLAND DRESSING

KLASSIKER

1 Ei
100 g Mayonnaise
50 g Ketchup
75 g geröstete rote Paprika
   (aus dem Glas)
1 TL Apfelessig
50 g Joghurt
1 Schalotte
1 Gewürzgurke
½ Bund Schnittlauch
Salz, Pfeffer
¼ TL Chilipulver

1 Das Ei in einem kleinen Topf in ca. 9 Min. hart kochen. Anschließend abgießen, kalt abschrecken und pellen. Das Eigelb herauslösen und mit Mayonnaise, Ketchup, abgetropfter Paprika und Essig in einen hohen Rührbecher geben. Alles fein pürieren. Den Joghurt zufügen und mit einem Löffel unterrühren.

2 Die Schalotte schälen und sehr fein würfeln. Die Gewürzgurke und das Eiweiß ebenfalls fein würfeln. Den Schnittlauch waschen, trocken schütteln und in feine Röllchen schneiden. Alle vorbereiteten Zutaten unter das Dressing mischen.

3 Das Dressing mit Salz, Pfeffer und Chilipulver pikant abschmecken.

DAZU PASST
Blattsalat und Hähnchen.

Für 4 Portionen • 10 Min. Zubereitung •
Pro Portion ca. 150 kcal, 4 g E, 13 g F, 4 g KH

Für 4 Portionen • 10 Min. Zubereitung •
Pro Portion ca. 80 kcal, 1 g E, 6 g F, 4 g KH

KRÄUTER-JOGHURT-DRESSING 🌿

SCHNELL

1 Frühlingszwiebel • 1 Bund gemischte Kräuter •
100 g Joghurt • 25 g Crème fraîche • 2 EL Weiß-
weinessig • 3 EL Olivenöl • 1 kleine Knoblauch-
zehe • ½ TL Zucker • Salz, Pfeffer

1 Frühlingszwiebel putzen, waschen und fein
schneiden. Kräuter waschen und trocknen. Blätter hacken, Schnittlauch in Röllchen schneiden.

2 Joghurt, Crème fraîche, Essig und Öl glatt
rühren. Knoblauch schälen, fein hacken und mit
dem Zucker unterrühren. Frühlingszwiebel und
Kräuter untermischen. Das Dressing mit Salz und
Pfeffer abschmecken.

DAZU PASST
Kopf- und Eisbergsalat, Lollo rosso oder
Gurkensalat.

BUTTERMILCH-DRESSING 🌿

KALORIENARM

½ Bio-Zitrone • 150 g Joghurt • 125 ml But-
termilch • 1 EL Agavendicksaft (ersatzweise
Honig) • 2 EL Olivenöl • Salz, Pfeffer • ½ Bund
Schnittlauch

1 Die Zitronenhälfte heiß waschen, trocknen
und die Schale abreiben. Den Saft auspressen.

2 Joghurt, Buttermilch, 2 EL Zitronensaft, Agavendicksaft und Öl mit einem Schneebesen glatt
rühren. Die Zitronenschale untermischen. Das
Dressing mit Salz und Pfeffer abschmecken.

3 Den Schnittlauch waschen, trocken schütteln,
in feine Röllchen schneiden und unterrühren.

DAZU PASST
Kopfsalat, Eisbergsalat, Radieschen oder
Gurkensalat.

Für 4 Portionen • 10 Min. Zubereitung •
Pro Portion ca. 165 kcal, 5 g E, 16 g F, 2 g KH

Für 4 Portionen • 10 Min. Zubereitung •
Pro Portion ca. 175 kcal, 1 g E, 17 g F, 6 g KH

BLUE CHEESE DRESSING 🍃

EINFACH

HONIG-SENF-CREME 🍃

GÜNSTIG

80 g Gorgonzola • 1 kleine Knoblauchzehe •
80 g saure Sahne • 4 EL Milch • 1 EL Weiß-
weinessig • 2 EL Olivenöl • Salz, Pfeffer

50 g Sahne • 50 g Crème fraîche • 1 ½ EL Weiß-
weinessig • 1 geh. TL Senf • 1 EL Honig •
3 EL Rapsöl • Salz, Pfeffer • ½ Bund Dill

1 Den Gorgonzola in Stücke schneiden und in einen hohen Rührbecher geben. Den Knoblauch schälen, halbieren und ebenfalls zugeben.

2 Saure Sahne, Milch, Essig und Öl zufügen. Alles mit dem Pürierstab cremig mixen. Das Dressing mit Salz und Pfeffer abschmecken.

1 Sahne, Crème fraîche, Essig, Senf und Honig mit einem Schneebesen glatt rühren. Das Öl zugeben und gut unterschlagen. Das Dressing mit Salz und Pfeffer abschmecken.

2 Dill waschen und trocken schütteln. Die Spitzen abzupfen, fein schneiden und unterrühren.

DAZU PASST
Herber Salat wie Chicorée, Radicchio, Endivie, Feldsalat und Rucola – vor allem, wenn noch Fruchtiges wie Weintrauben oder geröstete Nüsse dazukommen.

DAZU PASST
Blattsalat, besonders herbe Sorten wie Radicchio oder Endivie. Die Creme schmeckt aber auch gut zu Rohkost, zu gebratenem Lachs und zu Hähnchenfleisch.

Für 4 Portionen • 10 Min. Zubereitung • Pro Portion ca. 155 kcal, 6 g E, 13 g F, 4 g KH

FETA-DRESSING 🌿

GRIECHISCH

100 g Schafskäse (z. B. Feta)
100 g griechischer Joghurt
100 ml Milch
2 EL Olivenöl
1 EL Zitronensaft
1 kleine Knoblauchzehe
2 Zweige Oregano
Salz, Pfeffer
1 Prise Zucker

1 Den Schafskäse zerkrümeln und in einen hohen Rührbecher oder Mixer geben. Griechischen Joghurt, Milch, Öl und Zitronensaft zufügen. Den Knoblauch schälen, halbieren und ebenfalls zugeben. Dann alles cremig pürieren.

2 Oregano waschen und trocken schütteln. Die Blättchen abzupfen, fein hacken und unter das Dressing rühren. Mit Salz, Pfeffer, Zucker und evtl. noch etwas Zitronensaft abschmecken.

DAZU PASST
Gurkensalat, griechischer Bauernsalat, Tomatensalat, Nudel- oder Reissalat.

Für 4 Portionen • 20 Min. Zubereitung • Pro Portion ca. 150 kcal, 3 g E, 13 g F, 5 g KH

INSEL-DRESSING 🌿

AUS SYLT

1 Schalotte
2 EL Weißweinessig
½ Bund Dill
150 g griechischer Joghurt
3 EL saure Sahne
3 EL Olivenöl
1 EL Senf
1 TL Zitronensaft
3 EL Milch
Salz, Pfeffer
1 Prise Zucker

1 Die Schalotte schälen und sehr fein würfeln. Mit dem Essig mischen und ca. 15 Min. ziehen lassen.

2 Inzwischen den Dill waschen und trocken schütteln. Die Spitzen abzupfen und fein schneiden.

3 Joghurt, saure Sahne, Öl, Senf, Zitronensaft und Milch zur Essigmischung geben und alles mit dem Schneebesen glatt rühren. Dann das Dressing mit Salz, Pfeffer und Zucker abschmecken. Den Dill zugeben und unterrühren.

DAZU PASST
Blattsalat und gemischter
Salat mit Fleisch oder Fisch.

Für 4 Portionen • 25 Min. Zubereitung • Pro Portion ca. 300 kcal, 15 g E, 23 g F, 8 g KH

CHEFSALAT MIT AMERICAN DRESSING

LOW CARB

FÜR DAS DRESSING

125 g Joghurt
75 g Mayonnaise
50 g Ketchup
1 TL Apfelessig
Salz, Pfeffer
3 Stängel Petersilie

FÜR DEN SALAT

4 Eier
1 Kopfsalat (ersatzweise
 Eisbergsalat)
100 g Kochschinken
1 rote Zwiebel
200 g Kirschtomaten

DRESSING: Joghurt, Mayonnaise und Ketchup glatt rühren. Essig und 2 EL Wasser untermischen. Mit Salz und Pfeffer abschmecken. Die Petersilie waschen und trocken schütteln. Die Blätter abzupfen, fein hacken und unter das Dressing rühren.

SALAT: Die Eier in einem Topf in ca. 9 Min. hart kochen. Inzwischen den Salat putzen, waschen, trocken schleudern und in mundgerechte Stücke zupfen. In Schalen oder tiefe Teller verteilen. Den Schinken würfeln. Die Zwiebel schälen, halbieren und in feine Scheiben schneiden oder hobeln. Die Tomaten waschen, trocken tupfen und halbieren. Die Eier abgießen und kalt abschrecken, dann pellen und vierteln.

FERTIGSTELLEN: Alle vorbereiteten Zutaten auf dem Salat verteilen und mit etwas Dressing beträufeln. Übriges Dressing separat dazu servieren.

TIPP

Das Dressing schmeckt auch zu Blattsalaten, Nudelsalat, Kartoffelsalat und geröstetem Gemüse oder als Dip zu Steaks und Hamburgern.

*Für 4 Portionen • 10 Min. Zubereitung •
Pro Portion ca. 90 kcal, 1 g E, 8 g F, 4 g KH*

*Für 4 Portionen • 10 Min. Zubereitung •
Pro Portion ca. 215 kcal, 10 g E, 16 g F, 6 g KH*

CREMIGES MANGO-CURRY-DRESSING ◖

EXOTISCH

*½ reife Mango • 1 Knoblauchzehe • 50 g saure
Sahne • 3 TL Limettensaft • 2 EL Rapsöl •
½ TL Currypulver (nach Belieben mild oder
scharf) • Salz, Pfeffer • 1 Prise Chilipulver*

1 Die Mangohälfte schälen, das Fruchtfleisch
in groben Stücken vom Stein schneiden und in
einen hohen Rührbecher oder Mixer geben. Den
Knoblauch schälen, halbieren und zugeben.

2 Saure Sahne, Limettensaft, Öl, Currypulver
und 2 EL Wasser zufügen und alles cremig
pürieren. Das Dressing mit Salz, Pfeffer und Chilipulver abschmecken.

DAZU PASST
Blattsalat, Chicorée, Tomatensalat, gegrilltes
Hähnchen oder Lachs. Ohne Zugabe von
Wasser wird daraus ein leckerer Rohkostdip.

ERDNUSS-DRESSING ◖

AUS THAILAND

*125 g ungesüßtes Erdnussmus • 3 Stängel Korian-
dergrün • 3 EL Limettensaft • 3 EL Fischsauce •
2 TL rote Currypaste • 1 TL brauner Zucker • Salz*

1 Das Erdnussmus mit 100 ml heißem Wasser
glatt rühren. Abkühlen lassen.

2 Den Koriander waschen, trocken schütteln
und die Blätter samt feinen Stängeln fein hacken.

3 Limettensaft, Fischsauce, Currypaste und
Zucker zum Erdnussmus geben und alles fein
pürieren. Koriander untermischen. Das Dressing
mit etwas Salz abschmecken.

DAZU PASST
Asiatischer Nudel- und Reissalat sowie Gurken-
und Möhrensalat. Mit weniger Wasser zuberei-
tet wird daraus ein leckerer Rohkostdip.

Für 4 Portionen • 20 Min. Zubereitung •
Pro Portion ca. 65 kcal, 1 g E, 5 g F, 3 g KH

Für 4 Portionen • 15 Min. Zubereitung •
30 Min. Einweichen • 20 Min. Ziehen •
Pro Portion ca. 130 kcal, 4 g E, 8 g F, 10 g KH

SAURE-SAHNE-DILL-DRESSING 🍃

KLASSIKER

CASHEW-DRESSING 🍃

VEGAN

1 kleine Zwiebel • 2 EL Apfelessig • ½ Bund Dill • 100 g saure Sahne • 1 TL mittelscharfer Senf (z. B. Honig-Senf) • Salz, Pfeffer

75 g ungeröstete Cashewkerne • 1 kleine Schalotte • 30 g körniger Senf • 2 EL Ahornsirup • 2 EL Zitronensaft • Salz, Pfeffer

1 Die Zwiebel schälen und sehr fein würfeln. Mit dem Essig mischen und ca. 15 Min. ziehen lassen.

2 Inzwischen den Dill waschen und trocken schütteln. Die Spitzen abzupfen und fein hacken.

3 Saure Sahne und Senf unter die Essigmischung rühren. Das Dressing mit Salz, Pfeffer und evtl. noch etwas Essig abschmecken. Den Dill zugeben und unterrühren.

1 Cashews in einen hohen Rührbecher oder Mixer geben, 125 ml heißes Wasser darübergießen und die Kerne ca. 30 Min. einweichen lassen.

2 Schalotte schälen und würfeln. Mit Senf, Ahornsirup und Zitronensaft zu den Cashews geben und alles (samt Einweichflüssigkeit) cremig pürieren. Mit Salz und Pfeffer abschmecken.

3 Das Dressing vor der Verwendung 20 Min. ziehen lassen, damit sich die Aromen verbinden.

DAZU PASST
Gurkensalat (klein geschnittene Gurken vor der Verwendung salzen, sonst verwässern sie das Dressing), Kopfsalat und gegrillte Zucchini.

DAZU PASST
Möhrensalat, geröstetes Gemüse, festerer Blattsalat und Hülsenfruchtsalat.

Für 4 Portionen • 50 Min. Zubereitung • Pro Portion ca. 490 kcal, 24 g E, 30 g F, 31 g KH

KARTOFFELSALAT MIT LACHS UND GRÜNEM DRESSING

FÜR GÄSTE

FÜR DEN SALAT
750 g mittelgroße Kartoffeln
400 g grüne Bohnen
Salz
200 g geräucherter Lachs

FÜR DAS DRESSING
1 Bund gemischte Kräuter
(z. B. glatte Petersilie, Schnitt-
lauch, Estragon, Basilikum)
2 Sardellenfilets in Öl
1 Knoblauchzehe
75 g Mayonnaise
1 EL Zitronensaft
125 g griechischer Joghurt
(10 % Fettanteil)
Salz, Pfeffer

TIPP
Das Dressing schmeckt auch zu grünem Blattsalat wie Römer- oder Eisbergsalat, zu Nudelsalat, Geflügel- und Eiersalat oder Radieschen.

SALAT: Die Kartoffeln gründlich waschen, in einem Topf mit wenig Wasser aufkochen und zugedeckt in ca. 25 Min. garen. Die Bohnen waschen, putzen, je nach Größe halbieren oder dritteln und in kochendem Salzwasser in ca. 12 Min. garen.

DRESSING: Inzwischen die Kräuter waschen und trocken schütteln. Die Blätter abzupfen und grob hacken. Schnittlauch in Röllchen schneiden. Die Sardellen abtropfen lassen und ebenfalls grob hacken. Den Knoblauch schälen und halbieren. Alle vorbereiteten Zutaten mit Mayonnaise, Zitronensaft und 1–2 EL Wasser in einen hohen Rührbecher oder Mixer geben und fein pürieren. Den Joghurt zufügen und mit einem Schneebesen unterrühren. Mit Salz, Pfeffer und evtl. noch etwas Zitronensaft abschmecken.

FERTIGSTELLEN: Die Bohnen abgießen, kalt abschrecken und abtropfen lassen. Die Kartoffeln ebenfalls abgießen und kurz abschrecken, dann pellen und abkühlen lassen. Kartoffeln in dünne Scheiben schneiden und mit den Bohnen in eine Schüssel geben. Das Dressing zufügen und alles vorsichtig (am besten mit einem Teigschaber) vermengen. Den Lachs in Stücke zupfen und auf dem Salat anrichten.

Für 4 Portionen • 10 Min. Zubereitung • Pro Portion ca. 255 kcal, 6 g E, 24 g F, 2 g KH

TAHIN-DRESSING 🍃

VEGAN

125 g helles Tahin (Sesam-
   paste)
50 ml Zitronensaft
2 EL Olivenöl
½ TL gemahlener Kreuz-
   kümmel
½ Bund Petersilie
Salz, Pfeffer
1 Prise Zucker

1 Das Tahin mit 50 ml lauwarmem Wasser, dem Zitronensaft, Oliven-öl und Kreuzkümmel in einen hohen Rührbecher oder Mixer geben und glatt pürieren.

2 Die Petersilie waschen und trocken schütteln. Die Blätter abzup-fen und fein hacken. Das Dressing mit Salz, Pfeffer, Zucker und evtl. noch etwas Zitronensaft abschmecken. Die Petersilie unterrühren.

DAZU PASST
Röstgemüse oder Hülsen-fruchtsalate. Das Dressing schmeckt aber auch als Geflügel- oder Falafeldip.

Für 4 Portionen • 15 Min. Zubereitung • Pro Portion ca. 375 kcal, 5 g E, 38 g F, 3 g KH

CAESAR SALAD DRESSING

KLASSIKER

1 Knoblauchzehe
20 g Sardellenfilets in Öl
½ Zitrone
1 sehr frisches Eigelb
1 TL Senf
1 TL Honig
125 ml Olivenöl
4 EL Milch
2 EL Schmand
3 EL geriebener Parmesan
Salz, Pfeffer

1 Den Knoblauch schälen und grob hacken. Die Sardellenfilets in einem Sieb gut abtropfen lassen und ebenfalls grob hacken. Die Zitronenhälfte auspressen. Knoblauch, Sardellenfilets und Zitronensaft mit Eigelb, Senf und Honig in einen hohen Rührbecher oder Mixer geben und fein pürieren.

2 Das Öl in dünnem Strahl zugießen und gut untermixen. Den Pürierstab dabei langsam von unten nach oben ziehen, sodass eine cremige Masse entsteht.

3 Milch, Schmand und Parmesan unterrühren. Das Dressing mit Salz und Pfeffer abschmecken.

DAZU PASST
Römersalat mit Hähnchen-
filet und Croûtons.

DRESSINGS AUS ALLER WELT

Für 4 Portionen • 30 Min. Zubereitung • Pro Portion ca. 390 kcal, 19 g E, 18 g F, 37 g KH

KICHERERBSEN-BOWL MIT SCHARFEM HARISSA-DRESSING ◖

BALLASTSTOFFREICH

FÜR DIE BOWL
500 g Brokkoli
Salz
1 Dose Kichererbsen
  (265 g Abtropfgewicht)
½ Bund Petersilie
2 Möhren
100 g Baby-Blattspinat

FÜR DAS DRESSING
½ Bio-Zitrone
2 EL helles Tahin (Sesampaste)
3 EL Olivenöl
1 geh. EL Harissa (scharfe
  Würzpaste)
½ TL Honig
Salz, Pfeffer

AUSSERDEM
Spiralschneider

BOWL: Den Brokkoli waschen, in Röschen teilen und in kochendem Salzwasser in ca. 8 Min. bissfest garen.

DRESSING: Inzwischen die Zitronenhälfte heiß waschen, trocknen und ½ TL Schale fein abreiben. Den Saft auspressen. Tahin mit Öl, 2 EL Zitronensaft, Harissa, Honig und 2 EL Wasser in einer Schüssel mit einem Schneebesen kräftig verrühren. Zitronenschale untermischen und das Dressing mit Salz und Pfeffer abschmecken.

FERTIGSTELLEN: Brokkoli abgießen, kalt abschrecken und abtropfen lassen. Kichererbsen ebenfalls abgießen, kalt abbrausen und abtropfen lassen. Petersilie waschen und trocken schütteln. Die Blätter abzupfen und hacken. Möhren putzen, schälen und mit einem Spiralschneider zu »Spaghetti« schneiden. Den Spinat verlesen, waschen und trocken schütteln.

SERVIEREN: Alle vorbereiteten Zutaten in Schalen anrichten und mit dem Dressing beträufelt servieren.

TIPP
Das Dressing passt auch zu robustem Blattsalat wie Endivie, Römersalat und Lollo rosso, zu geröstetem Gemüse oder Kartoffelspalten aus dem Ofen.

Für 4 Portionen • 10 Min. Zubereitung •
Pro Portion ca. 75 kcal, 0 g E, 5 g F, 4 g KH

Für 4 Portionen • 15 Min. Zubereitung •
10 Min. Ziehen •
Pro Portion ca. 50 kcal, 0 g E, 3 g F, 5 g KH

KORIANDER-DRESSING

SCHNELL

LEICHTES ASIA-DRESSING

FETTARM

40 g Koriandergrün • 4 EL Zitronensaft •
2 EL Sonnenblumenöl • 1 EL brauner Zucker •
Salz

2 EL Fischsauce • 1 geh. EL brauner Zucker •
2 EL Reisessig (ersatzweise milder Weißweinessig) •
3 EL Limettensaft • 1 EL geröstetes Sesamöl •
2 rote Chilischoten • 1 große Knoblauchzehe

1 Den Koriander waschen, trocken schütteln und die Blätter samt feinen Stängeln in einen Blitzhacker geben.

2 Den Zitronensaft, das Öl, den Zucker und etwas Salz zugeben und alles zu einem glatten Dressing mixen.

1 Fischsauce und Zucker verrühren, bis sich der Zucker gelöst hat. Essig und Limettensaft unterrühren. Das Öl zugießen und unterschlagen.

2 Chilis waschen, entkernen und in feine Ringe schneiden. Knoblauch schälen und sehr fein hacken. Chiliringe und Knoblauch unter das Dressing rühren. Vor der Verwendung mindestens 10 Min. durchziehen lassen.

DAZU PASST
Römersalat, Avocado, gebratener Lachs und gebratene Garnelen, Möhrenrohkost und Hülsenfruchtsalat.

DAZU PASST
Asiatischer Nudelsalat, z. B. mit Reisnudeln, Salatgurke, Mango und Steakstreifen, sowie Gurkensalat und Möhrenrohkost.

Für 4 Portionen • 10 Min. Zubereitung •
Pro Portion ca. 85 kcal, 2 g E, 7 g F, 4 g KH

Für 4 Portionen • 15 Min. Zubereitung •
Pro Portion ca. 130 kcal, 1 g E, 10 g F, 8 g KH

MISO-AHORNSIRUP-DRESSING 🌿

EXOTISCH

50 g helle Misopaste • 1 EL Apfelessig •
1 EL Ahornsirup • 2 ½ EL Olivenöl • Salz, Pfeffer

1 Die Misopaste mit 50 ml Wasser, Essig und Ahornsirup im Blitzhacker fein pürieren.

2 Die Mischung in ein Schraubglas geben und das Öl zugießen. Das Glas verschließen und alles kräftig schütteln, bis ein cremiges Dressing entsteht. Mit Salz und Pfeffer abschmecken.

DAZU PASST
Grüner Blattsalat, Brokkoli, grüne Bohnen und Kichererbsensalat.

ASIATISCHES INGWER-DRESSING 🌿

EINFACH

½ Bio-Zitrone • 1 Stück Ingwer (3 cm lang) •
1 EL Honig • 60 ml Reisessig (ersatzweise milder Weißweinessig) • 50 ml Sojasauce • 2 EL Oliven-öl • 2 EL geröstetes Sesamöl • Salz

1 Die Zitronenhälfte heiß waschen, trocknen und die Schale fein abreiben. 1 EL Saft auspressen. Den Ingwer schälen und grob würfeln.

2 Zitronensaft, Ingwer, Honig, Essig und Soja-sauce in einem Blitzhacker fein pürieren. In eine Schüssel umfüllen. Beide Ölsorten nach und nach in dünnem Strahl zugießen und unterschlagen. Zitronenschale einrühren. Das Dressing evtl. mit etwas Salz abschmecken.

DAZU PASST
Asiatischer Nudelsalat, Brokkoli, grüne Bohnen, Chinakohl.

Für 4 Portionen • 20 Min. Zubereitung • Pro Portion ca. 100 kcal, 1 g E, 9 g F, 4 g KH

MÖHREN-SESAM-DRESSING 🌿

EXOTISCH

1 Möhre (ca. 100 g)
1 Stück Ingwer (3 cm lang)
2 TL heller Sesam
3 EL Limettensaft
1 TL Honig
2 EL Rapsöl
1 EL geröstetes Sesamöl
Salz, Pfeffer

DAZU PASST

Gemüserohkost, kräftiger Blattsalat, Kichererbsen- oder Linsensalat sowie Geflügel- und Nudelsalat.

1 Die Möhre putzen, schälen und klein schneiden. Dann in einen Topf geben und mit wenig Wasser bedecken. Die Möhrenstücke zugedeckt aufkochen und bei kleiner Hitze ca. 12 Min. dünsten, bis sie weich sind.

2 Inzwischen den Ingwer schälen und grob würfeln. Den Sesam in einer Pfanne ohne Fett kurz unter Rühren anrösten, bis er duftet.

3 Möhrenstücke abgießen, dabei 2 EL Kochwasser auffangen. Abkühlen lassen. Möhre, Ingwer, Kochwasser, 1 TL Sesam, Limettensaft und Honig in einen hohen Rührbecher oder Mixer geben und fein pürieren. Beide Öle in dünnem Strahl zugießen und untermixen.

4 Das Dressing mit Salz und Pfeffer abschmecken und mit dem übrigen Sesam bestreuen.

Für 4 Portionen • 10 Min. Zubereitung • Pro Portion ca. 135 kcal, 1 g E, 13 g F, 2 g KH

PIKANTES AJVAR-DRESSING

SCHARF

1 Sardellenfilet (in Öl)
½ Bund Petersilie
2 EL Ajvar
1 EL Zitronensaft
1 EL Weißweinessig
5 EL Olivenöl
2 EL Joghurt
Salz, Pfeffer

1 Das Sardellenfilet grob hacken. Die Petersilie waschen und trocken schütteln. Die Blätter abzupfen und ebenfalls grob hacken.

2 Sardellenfilet, Petersilie, Ajvar, Zitronensaft und Essig in einen hohen Rührbecher oder Mixer geben und fein pürieren. Das Öl in dünnem Strahl zugießen und untermixen.

3 Den Joghurt unterrühren. Anschließend das Dressing mit Salz und Pfeffer abschmecken.

DAZU PASST
Rucola, Eisbergsalat, Römersalat, geröstetes Gemüse wie Blumenkohl, Brokkoli oder Kürbis sowie Kartoffel- und Nudelsalat.

Für 4 Portionen • 10 Min. Zubereitung • 10 Min. Ziehen • Pro Portion ca. 120 kcal, 2 g E, 10 g F, 5 g KH

MANDEL-DATTEL-DRESSING

VEGAN

3 Medjool-Datteln (ca. 25 g)
50 g helles Mandelmus
1 EL Sonnenblumenöl
2 EL Zitronensaft
1 TL geräuchertes Paprikapul-
ver (ersatzweise edelsüßes
Paprikapulver)
Salz, Pfeffer

1 Die Datteln entsteinen, grob würfeln und mit 150 ml heißem Wasser übergießen. Etwa 10 Min. ziehen lassen. Anschließend die Datteln abgießen, das Wasser dabei auffangen.

2 Die Datteln mit Mandelmus, Öl, Zitronensaft und Paprikapulver fein pürieren. Dabei so viel von dem Einweichwasser untermixen, bis ein cremiges Dressing entsteht. Mit Salz, Pfeffer und evtl. noch etwas Zitronensaft abschmecken.

DAZU PASST
Kräftiger Blattsalat wie Spinat, Feldsalat oder Grünkohl, gerösteter Blumenkohl oder Kichererbsen und Hähnchenfleisch.

Für 4 Portionen • 10 Min. Zubereitung • Pro Portion ca. 160 kcal, 0 g E, 14 g F, 7 g KH

BBQ-DRESSING 🍃

SCHNELL

2 EL Apfelessig
1 EL Barbecue-Sauce (Fertig-
  produkt)
1 EL brauner Zucker
5 EL Olivenöl
Salz, Pfeffer
1 Tomate
1 EL Röstzwiebeln (Fertig-
  produkt)

1 Essig, Barbecue-Sauce, Zucker und 1–2 EL Wasser glatt rühren, bis sich der Zucker gelöst hat.

2 Das Öl in dünnem Strahl zugießen und unterschlagen, bis das Dressing cremig ist. Mit Salz und Pfeffer abschmecken.

3 Die Tomate waschen, trocken tupfen, vierteln und die Kerne entfernen. Das Fruchtfleisch fein würfeln und mit den Röstzwiebeln unter das Dressing mischen.

DAZU PASST
Römersalat, Maissalat, Nu-delsalat, geröstetes Ge-müse, gegrilltes Hähn-chenfilet und Steak.

Für 4 Portionen • 15 Min. Zubereitung • Pro Portion ca. 240 kcal, 5 g E, 23 g F, 2 g KH

GRÜNE-SAUCE-DRESSING 🍃

FRÜHLINGS-REZEPT

1 Ei
1 Bund gemischte Kräuter
(Petersilie, Schnittlauch,
Sauerampfer, Borretsch,
Kresse, Kerbel, Pimpinelle)
80 ml Sonnenblumenöl
3 EL milder Weißweinessig
1 TL Senf
Salz, Pfeffer
1 Prise Zucker

1 Das Ei in einem kleinen Topf in ca. 9 Min. hart kochen. Inzwischen die Kräuter waschen, trocken schütteln und die Blätter abzupfen. Alle Blätter sowie den Schnittlauch grob hacken. Das Ei abgießen und kalt abschrecken, dann halbieren und das Eigelb herauslösen.

2 Die Kräuter mit dem Eigelb und dem Öl in einen Mixer geben und fein pürieren. Essig und Senf zugeben und untermixen. Das Dressing mit Salz, Pfeffer und Zucker abschmecken. Das Eiweiß fein würfeln und unterrühren.

DAZU PASST
Kartoffelsalat, Eiersalat,
Blattsalat mit Radieschen,
gebratene Garnelen.

Für 4 Portionen • 10 Min. Zubereitung • Pro Portion ca. 180 kcal, 5 g E, 12 g F, 12 g KH

HUMMUS-DRESSING 🌿

BALLASTSTOFFREICH

1 kleine Knoblauchzehe
100 g Kichererbsen (aus der
* Dose)*
4 EL Olivenöl
2 EL Zitronensaft
¼ TL gemahlener Kreuz-
* kümmel*
50 g Joghurt
Salz, Pfeffer

1 Den Knoblauch schälen und halbieren. Knoblauch, Kichererbsen, Öl, Zitronensaft, Kreuzkümmel und 2 EL Wasser in einen hohen Rührbecher oder Mixer geben und cremig pürieren. Bei Bedarf noch etwas mehr Wasser untermixen.

2 Den Joghurt mit einem Löffel unterrühren. Das Dressing mit Salz und Pfeffer abschmecken.

DAZU PASST
Römersalat, grüne Bohnen, Brokkoli, Blumenkohl, Süßkartoffel und geröstetes Gemüse.

Für 4 Portionen • 40 Min. Zubereitung • Pro Portion ca. 405 kcal, 10 g E, 20 g F, 47 g KH

SÜSSKARTOFFEL-SALAT MIT RÖST-KNOBLAUCH-DRESSING

GLUTENFREI

FÜR DEN SALAT

800 g Süßkartoffeln
100 g Chorizo
1 rote Zwiebel
2 gelbe Paprika
2 EL Olivenöl
Salz, Pfeffer
100 g Rucola

FÜR DAS DRESSING

6 Knoblauchzehen
1 ½ EL Zitronensaft
2 TL mittelscharfer Dijon-Senf
1 TL Honig
2 EL Olivenöl
Salz, Pfeffer

TIPP

Das Dressing schmeckt auch zu Friséesalat, geröstetem Gemüse wie Kürbis, Möhre, Rosenkohl oder Brokkoli, zu Bohnensalat, gegrilltem grünem Spargel und Nudelsalat.

SALAT: Den Backofen auf 225° vorheizen. Die Süßkartoffeln schälen und in ca. 2 cm große Würfel schneiden. Die Chorizo aus der Pelle lösen und in dünne Scheiben schneiden. Die Zwiebel schälen, halbieren und in feine Spalten schneiden. Die Paprika waschen, halbieren, weiße Trennwände und Kerne entfernen und die Hälften in Würfel schneiden.

Alle vorbereiteten Zutaten mit dem Öl mischen, mit Salz und Pfeffer würzen und auf einem mit Backpapier belegten Blech verteilen. Die ungeschälten Knoblauchzehen für das Dressing zugeben. Alles im heißen Ofen (Mitte) 25–30 Min. rösten. Anschließend herausnehmen und etwas abkühlen lassen.

DRESSING: Den gerösteten Knoblauch aus der Schale drücken und in einen hohen Rührbecher oder Blitzhacker geben. Zitronensaft, Senf, Honig und Öl zugeben und alles fein pürieren. Das Dressing mit Salz und Pfeffer abschmecken.

FERTIGSTELLEN: Rucola waschen, trocken schütteln und grobe Stiele entfernen. Röstgemüse und Chorizo mit dem Rucola mischen. Das Dressing darüberträufeln und vorsichtig untermengen. Den Süßkartoffelsalat lauwarm servieren.

Für 4 Portionen • 10 Min. Zubereitung • Pro Portion ca. 60 kcal, 0 g E, 0 g F, 12 g KH

SÜSSES MOJITO-DRESSING 🍃

MIT ALKOHOL

1 große Bio-Limette
5 Stängel Minze
50 g brauner Zucker
1 EL weißer Rum

DAZU PASST
Obst und Obstsalat, z. B. aus frischen Beeren, Ananas, Mango, Banane, Aprikose und Pfirsich.

1 Die Limette heiß waschen, trocknen und die Schale fein abreiben. Die Frucht halbieren und den Saft auspressen. Es werden ca. 50 ml benötigt. Die Minze waschen und trocken schütteln.

2 Limettensaft mit Zucker, 3 Stängeln Minze und 150 ml Wasser in einen kleinen Topf geben. Unter Rühren aufkochen und ca. 5 Min. köcheln lassen, bis die Flüssigkeit gerade beginnt einzudicken. Dabei öfter umrühren, damit nichts anbrennt.

3 Den Sirup vom Herd nehmen, die 3 Minzstängel herausnehmen und entsorgen. Rum und Limettenschale einrühren und alles abkühlen lassen. Die Blätter der übrigen Minzstängel abzupfen, fein hacken und in das kalte Dressing rühren.

Für 4 Portionen • 20 Min. Zubereitung • Pro Portion ca. 135 kcal, 3 g E, 8 g F, 10 g KH

KOKOS-MARACUJA-DRESSING

EXOTISCH

150 g Kokosmilch
2 Maracujas (Passionsfrüchte)
1 EL Limettensaft
1 Pck. Vanillezucker
1 Stängel Zitronenmelisse

DAZU PASST

Obstsalat aus tropischen Früchten wie Ananas, Mango und Papaya oder Apfel-, Bananen- oder Ananasstücke im Ausbackteig.

1 Die Kokosmilch in einen kleinen Topf geben, aufkochen und um etwa ein Drittel auf ca. 100 ml einkochen lassen.

2 Inzwischen die Maracujas halbieren. Das Fruchtfleisch mit einem Löffel herauslösen, durch ein Sieb streichen, um die Kerne zu entfernen, und mit Limettensaft und Vanillezucker verrühren.

3 Die Kokosmilch auskühlen lassen. Inzwischen die Zitronenmelisse waschen und trocken schütteln. Die Blätter abzupfen und fein schneiden. Die Maracujamischung und die Zitronenmelisse unter die Kokosmilch rühren.

REGISTER

Vegetarische Rezepte, die im Buch mit einem 🜂 gekennzeichnet sind, sind hier grün abgesetzt.

Abkürzungsverzeichnis:
E = Eiweiß
EL = Esslöffel (gestrichen)
F = Fett
kcal = Kilokalorien
KH = Kohlenhydrate
Msp. = Messerspitze
Pck. = Päckchen
TK- = Tiefkühl-
TL = Teelöffel (gestrichen)
Ø = Durchmesser

© 2019 GRÄFE UND UNZER VERLAG GmbH, München

Alle Rechte vorbehalten. Nachdruck, auch auszugsweise, sowie die Verbreitung durch Film, Funk, Fernsehen und Internet, durch fotomechanische Wiedergabe, Tonträger und Datenverarbeitungssysteme jeglicher Art nur mit schriftlicher Genehmigung des Verlages.

Projektleitung: Linh Nguyen
Lektorat: Christin Geweke
Korrektorat: Jutta Friedrich
Gesamtgestaltung: independent Medien-Design, München: Horst Moser (Artdirection), Lucie Heselich, Svenja Wamser
Herstellung: Mendy Willerich
Satz: Kösel, Krugzell
Reproduktion: Medienprinzen GmbH, München
Druck und Bindung: Firmengruppe APPL, aprinta druck, Wemding
Syndication: www.seasons.agency
Printed in Germany

4. Auflage 2020
ISBN 978-3-8338-6879-5

 www.facebook.com/gu.verlag

GRÄFE
UND
UNZER

Ein Unternehmen der
GANSKE VERLAGSGRUPPE

DIE AUTORIN

Inga Pfannebecker ist Oecotrophologin und Autorin vieler erfolgreicher Kochbücher. Sie hat ein feines Händchen für einfache Gerichte mit besonderem Dreh. Bei ihr landet niemals ein langweiliger Salat auf dem Tisch, weil sie zahlreiche raffinierte Dressing-Rezepte kreiert hat.
www.inga-pfannebecker.de

DAS FOTOGRAFENTEAM

Maria Grossmann und **Monika Schürle** arbeiten seit Jahren gemeinsam in den Bereichen Food, Stilllife und Interieur in Hamburg und Berlin. Zusammen mit **Lukas Grossmann** (Foodstyling) haben sie das Thema »Dressings« erfolgreich in Bilder umgesetzt.

BILDNACHWEIS

Maria Grossmann und Monika Schürle: S. 06–59 und Stepfotos auf den Klappen
Coco Lang (Foodstyling: Akos Neuberger): S. 01, 05 und Stillleben auf den Klappen
Kathrin Koschitzki: Coverfoto
Eef Ouwehand: Autorenfoto

Umwelthinweis:

Dieses Buch ist auf PEFC-zertifiziertem Papier aus nachhaltiger Waldwirtschaft gedruckt.

LIEBE LESERINNEN UND LESER,

wir wollen Ihnen mit diesem Buch Informationen und Anregungen geben, um Ihnen das Leben zu erleichtern oder Sie zu inspirieren, Neues auszuprobieren. Wir achten bei der Erstellung unserer Bücher auf Aktualität und stellen höchste Ansprüche an Inhalt und Gestaltung. Alle Anleitungen und Rezepte werden von unseren Autoren, jeweils Experten auf ihrem Gebiet, gewissenhaft erstellt und von unseren Redakteuren/innen mit größter Sorgfalt ausgewählt und geprüft.

Haben wir Ihre Erwartungen erfüllt? Sind Sie mit diesem Buch und seinen Inhalten zufrieden? Haben Sie weitere Fragen zu diesem Thema? Wir freuen uns auf Ihre Rückmeldung, auf Lob, Kritik und Anregungen, damit wir für Sie immer besser werden können. Und wir freuen uns, wenn Sie diesen Titel weiterempfehlen, in Ihrem Freundeskreis oder online.

Sollten wir Ihre Erwartungen so gar nicht erfüllt haben, tauschen wir Ihnen Ihr Buch jederzeit gegen ein gleichwertiges zum gleichen oder ähnlichen Thema um.

KONTAKT

GRÄFE UND UNZER VERLAG
Leserservice
Postfach 86 03 13
81630 München
E-Mail: leserservice@graefe-und-unzer.de

Telefon: 0 08 00 / 72 37 33 33*
Telefax: 0 08 00 / 50 12 05 44*
Mo – Do: 9.00 – 17.00 Uhr
Fr: 9.00 – 16.00 Uhr (*gebührenfrei in D,A,CH)

APPETIT AUF MEHR?

ISBN 978-3-8338-6877-1

ISBN 978-3-8338-6454-4

ISBN 978-3-8338-6852-8

ISBN 978-3-8338-6460-5

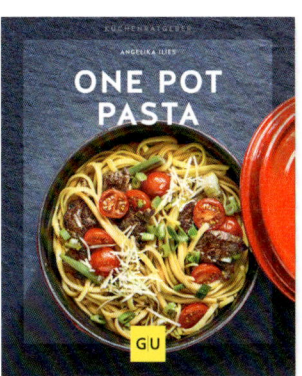

ISBN 978-3-8338-6853-5

ISBN 978-3-8338-5887-1

Alle hier vorgestellten Bücher
sind auch als eBook erhältlich.

DIE »GU KOCHEN PLUS«-APP

 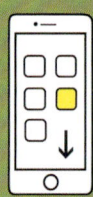

1 APP HERUNTERLADEN

Laden Sie die kostenlose »GU Kochen Plus«-App im Apple App Store oder im Google Play Store auf Ihr Smartphone. Starten Sie die App und wählen Sie Ihren Küchenratgeber aus.

2 REZEPTBILD SCANNEN

Scannen Sie das gewünschte Rezeptbild mit der Kamera Ihres Smartphones. Klicken Sie im Display die Funktion Ihrer Wahl.

3 FUNKTIONEN NUTZEN

Sammeln Sie Ihre Lieblingsrezepte. Speichern und verschicken Sie Ihre Einkaufslisten. Oder nutzen Sie den praktischen Supermarkt-Finder und den Rezept-Planer.